Rakkaus voittaa

Sosiaalinen kristillisyys

Pekka Heinäharju

Rakkaus voittaa

Sosiaalinen kristillisyys

2. painos

Kannet *Jenni Heinäharju*

Kustantaja *Jouni Heinäharju*
Paino *Books on Demand GmbH, Norderstedt, Saksa*
ISBN 978-952-94-1855-8 (sid.)
ISBN 978-952-94-1856-5 (EPUB)

SISÄLLYS

4 Elämä alkaa kuolemasta 61

Kun on vajavuutta, täytyy olla myös täydellisyyttä.
Kun on täydellisyyttä, vajavuudella ei ole merkitystä
ilman rakkautta.

Vajavuus saa merkityksen myös nöyryytenä.

Esipuhe toiseen painokseen

Toisessa painoksessa korjataan ensimmäisen painoksen virheet, napakoitetaan sanomaa ja todetaan että voittava rakkaus on kulttuurin ja sosiaalisuuden leikkauksessa. Voittava rakkaus syntyy, kun Jumalainen rakkaus vuotaa yhteisöllisyyteen.

Ensimmäisen painoksen esipuhe

Vuonna 1968 aloitin opiskelut Turun teknillisessä opistossa. Saapuminen Turkuun oli elämäni taitekohta. Tulin tiedostamattani kristillisyytemme kehtoon, joka on säilyvä hyvänä suomalaisen kristillisyyden edistäjänä. Viiden vuoden kuluttua tästä, vuonna 1973, muutin minulle tuntemattomaan ja eksoottiseen, mutta kaipaamaani Kuopioon. Monet onnelliset asiat kohtasivat minua pian Kuopiossa. Sain vaimokseni rakastamani Marjan. Hyvät puheet pidettiin ja meidät vihittiin, uusi perheen ydin ja pyhä avioliitto, siis ykseys, pääsi alkamaan. Saimme oman kodin. Näin hyvä oli alku meidän välisellä rakkaudella. Molemmat lahjakkaat lapsemme, nuo taivaan lahjat, syntyivät Kuopiossa.

Minulle selvisi Kuopioon saapumisen ja elämän tarkoitus. Se ei ollut ainoastaan ura posti- ja lennätinlaitoksessa vaan myös lisäksi kokemus kristillissosiaalisuudesta. Kristillissosiaalisuus tarkoittaa myös monia oppeja. Olin hylännyt hyvän isäni opin, SDP:n, siinä ilmenevän kyynisyyden vuoksi. Näin jälkiviisaana ajattelen, että tapahtuikohan siinä niin suurta hylkäämistä? Lahjana sain tutustua myös työni puolesta Pohjois-Savoon ja Pohjois-Karjalaan sekä näiden seutujen helluntailaisiin, viidesläisiin ja herännäisyyteen. Voi kuinka se oli tietämättäni elämän riemukasta aikaa! Olin sosiaalinen uudessakin kaupungissa.

Hyvän taiteen lähtökohta on hyvä kirjallisuus ja hyvä kertomus. Kirjan tekeminen on työlästä. Kirjoitetaan hillittynä ja henkisesti yksin. Tämä kirja on positiivisuuden ja sosiaalisuuden vajavainen tulkki ja pyrkii vääristyneen vallankäytön, luokittelun ja priorisoinnin estämiseen. Tämä on kristillisyyttä ja filosofiaa.

Olen koulutukseltani insinööri. Mielestäni kaikki tekniikka ei ole synnillistä. Tekniikan synnittömyydestä voidaan mainita höyrysahojen, teiden, höyrylaivojen ja suurelta osin kanavien rakentaminen. Tietoliikenteen avulla kerrotaan nykyisin evankeliumin ilosanomaa. Bio- ja energiatalous oikein hoidettuna kuuluvat ihmisyyteen. Ihmiselle on annettu tehtävä viljellä ja varjella luontoa. Luontoa ja ilmastonmuutosta on vaikea hallita. Todellisempi ja paljon suurempi haaste on ihmisen luonnon muuttaminen ja se toteutuu kristillisyydessä. Tekninen korkeakoulu saatiin Hietaniemeen vasta vuonna 1879, tuolloin tekniikka eteni kovaa vauhtia.

Korkeakoulu tuli suureen teknisen osaamisen aukkoon ja insinööripulaan. Nykyajan Suomessa vallitsee älykkyyspulaa.

Rohkenen antaa vajavaiset määritelmät ja opetukset. Käsittelen vaikeitakin asioita, kuten priorisointia ja vastakohtaisuutta. Perusteluja rohkeuteeni ovat isoäidin äidin monet rukoukset, isoäidit, oman äidin rukoukset, oma isä, sisareni, vaimoni, lapseni, ystäväni, opettajani, pyhäkoulu, hyvät laulut, suomalaisuus, hyvä kotikasvatus, laaja-alainen koulutus, länsimainen sivistys ja kirjallisuusharrastus. Lisäksi kutsumukseni sekä toiminta Kuopion läänissä, valtuustossa ja hallituksessa. Olin myös erään helsinkiläisen seurakunnan vanhin.

Tavoitteena on synnyttää armoa ja hyvyyttä. Lisäksi tavoite on, että ymmärrys rakkaudesta, sosiaalisuudesta ja kulttuurista lisääntyy. J. L. Runeberg teki runon hyvin sosiaalisesta Saarijärven Paavosta, joka pani leipäänsä puolet petäjäistä, kun halla ei vienyt enää Paavolta satoa, mutta vei naapurilta leivän.

Vaimon käteen tarttuin Paavo lausui:
»Vaimo, vaimo, sit' ei kuri kaada,
veljeään ken hädässä ei hylkää.
Pane leipään puolet petäjäistä,
veihän naapurimme touon halla.»

Johdanto

Rakkaus voittaa kaiken. Tämä Jumalainen rakkaus on suurin kaikista ja on syntiselle ihmiselle yliluonnollinen ja saavuttamaton. Edistymiseen tarvitaan Hänen armoaan. Voittava rakkaus sisältää kaikki kristilliset opitkin, mutta opit eivät sisällä kaikkea rakkautta.

Sosiaalisuudella ja sosialismilla on yhteistä sanojen alkujuuri. Sosiaalisuus saa aikaan enimmäkseen positiivisia tunteita, sosialismi taas negatiivisia. Sosialismiin perehtymiseen vaaditaan juutalaissyntyisen Karl Marxin Pääoma-teokseen tutustuminen. Kaikkia tuotantovälineitä ei kannattane ottaa julkiseen käyttöön. Työn ja pääoman välillä ei ole ristiriitaa. Viisas Marxkin on erehtyväinen. Kaikki olemme samassa yhteisessä veneessä. Täten kristillisyys on armorikkautta ja sosiaalisuutta ja sitäkin vain osittain. Kristillisyyden lähtökohta on ehdottomasti rakkaus, joka määritellään myöhemmin. Voittavaa rakkautta voidaan vuodattaa syntisen ihmisen sydämeen. Sosialismin ja kapitalismin voi unohtaa. Ne ovat suurelta osalta valtaan pyrkivien järjestelmiä. Rakkaus eli kristillisyys on niiden vastakohta.

Etujärjestöt pyrkivät valtaan neuvotellen. Niin pitääkin, nimenomaan neuvotella tuloksellisesti. Se on pyrkimistä saavutettuihin etuihin, joita pitää valvoa. Jos neuvottelu on vallan tavoittelua, voittamista ja pisteiden keräämistä; onko kysymys saavuttamattomista eduista?

Kirjan ensimmäinen osa käsittelee hyvää Kuopiossa olon aikaa. Jouduin siellä pohtimaan elämää yhteiskunnan näkökulmasta 25 vuotta. Toisessa osassa olen miettinyt seurakunnan olemusta vanhimpana. Sitäkin aikaa on kestänyt jo 15 vuotta. Elämä sinänsä on kiinnostanut minua aina. Osat 3 ja 4 sisältävät elämän koulun. Se kestää läpi elämän. Ikinuorena oppii aina uutta.

Olkaamme iloisia, jos löytyy vajavainen ja aito kristillisyys, joka on ihmisyyttä. Totuus on tärkeä osa ihmisten identiteetissä ja arvoissa. Totuudesta kävimme syvällisen keskustelun vanhimpina. Totuus on vain Jeesuksessa. Hän on ja sanoo olevansa totuus. Jeesus on ihmisen identiteetti.

Tiedotusvälineet kehittyvät. Saamme tutustua moniin kulttuureihin. Kulttuuri on rakkautta, vihaa,

16

ystävyyttä, isänmaallisuutta, diakoniaa, hyvyyttä, välittämistä ja päättyy maalliseen kuolemaan, joka on kaikille pakollinen. Mutta maallinen kuolema ei ole elämän päätepiste. Päätepistettä ei olekaan. Ihminen ei täysin maadu, mihin hän kaatuu. Hän joutuu vastuuseen kaikista teoistaan ja ajatuksistaan.

Kristillisyys on kulttuuria ja sosiaalisuutta. Voittava rakkaus on terveyttä. Sosialismi kieltäessään Jumalan olemassaolon ei voi olla kristillisyyttä. Ateismi vaatii niin paljon uskoa, että siihen ei kukaan pysty. Vallan tavoittelu ei ole kristillisyyttä. Topelius sanoittaa ja siihen Sibelius säveltää: "En etsi valtaa loistoa". Voidaan iloita hyvästä vaalituloksesta ja yrityksen menestyksestä, näihin voi kristittynäkin osallistua. Vaalitulos ja menestys ovat kansan ja yrityksen ja sen asiakkaiden kannanotto kulloinkin ajankohtaisiin asioihin.

Elämä on ihmisille vapaus ja lahja, jonka aikana rakastamme, vihaamme, analysoimme, priorisoimme, olemme välinpitämättömiä, vastakkainasettelemme, ylpeilemme, olemme suvaitsevaisia, suvaitsemattomia ja kunnioitamme sekä vihaamme esivaltaamme. Samanmielisyys ei aina ole rakkautta eli kristillisyyttä. Näennäistä samanmielisyyttä ei voi sanoa suvaitsevaisuudeksi. Tällöinhän todellinen mielipide jää ilmoittamatta.

Saamme aina aloittaa myös todellisen kristillisen elämän alusta. Se on voittavaa rakkautta, jossa ovat mukana Jeesus, vajavaisuus ja yliluonnollisuus.

OSA 1

Yhteiskunta

1.1 Määritteleminen ja valmius muuttaa mielipidettä

Itsenäinen omaa tietään kulkeva ihminen, jollainen minäkin olen, tekee itse määritelmänsä. Tällöin uusien ja parempien perustelujen tullessa muuttuvat määritelmät ja mielipiteet usein. Vaarana tällöin on, että lähimmäiselle jää väärä käsitys. Oma mielipide jää myös usein ennalleen, uusien painavienkin perustelujen tullessa esiin. Muutoksista ja muuttumattomuudesta mielipiteissä on heti ilmoitettava muille. Kulttuurit, yhteiskunnat ja yritykset yrittävät tehdä omat määritelmät, mielipiteet, tahtotilan ja arvot omista asioistaan – onnistuenkin siinä aika hyvin. Määritelmät ja arvot ovat joko hierarkkisia tai vyöhykemäisiä. Määrittely on hyvin vaikeaa, eikä siihen ryhdy kuka tahansa. Ei siihen ihminen pystykään. Raamatussakin sanotaan: "Älköön moni teistä ryhtykö opettajiksi."

Kullakin on omat mielipiteet. On hyvä pitää rohkeasti kiinni omasta mielipiteestä, mutta olla samalla varuillaan. Naapurilla on todennäköisesti erilainen mielipide, joka on kenties vahvemmin ja paremmin perusteltu. Silloin joudutaan muuttamaan omaa mielipidettä, ellei ole riittävästi jääräpää. Tällä jääräpäisyydellä tarkoitan itsekkyyttä ja ylpeyttä, jotka ovat lähtöisin itse Perkeleestä. Prioriteetit ja luokkajaot ovat usein siellä, missä niitä ei tarvita. Puhun myös itseäni vastaan. Inhimillinen oikeamielisyys ja vanhurskaus etsivät oikeaa ja sitä mikä on totta. Tärkeää on huomata, että on oikeaa ja väärää.

1.2 Sosiaalinen kristillisyys

Katso huolellisesti seuraavaa kuvaa, joka on keskeistä tässä kirjassa.

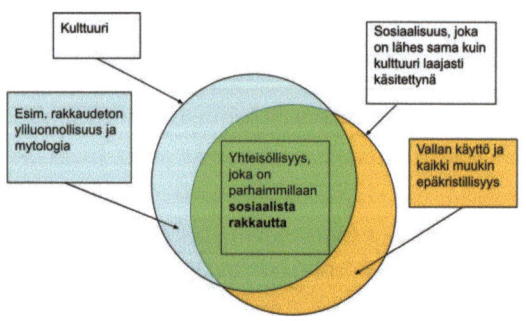

Kuva 1. Sosiaalinen kristillisyys

Käsitykseni sosiaalisuudesta ja rakkaudesta alkoi lisääntyä Kuopiossa. Kristillisyyden sijasta voi puhua Hänen armonsa rikkaudesta. Kulttuurilla ja sosiaalisuudella on suuri yhteinen alue, riippuen myös meistä. Sitä aluetta sanotaan yhteisöllisyydeksi. Ei kuitenkaan hylätä myöskään omaa ja hyvää yksilöllisyyttä. Aluetta voidaan sanoa matemaattisin termein leikkaukseksi. Myönteisimmässä ja parhaimmassa merkityksessä alue on sosiaalista rakkautta, joka kasvaa armon avulla. Kristillistä "taistelua" käydään yhteisöllisyyden ja epäkristillisyyden muuttamisesta rakkaudeksi.

Kristillistä yliluonnollisuutta ovat lukuisten armolahjojen ja luonnon monimuotoisuuden lisäksi rukousten vastaukset, kasvattava armo ja anteeksi antava usko.

Vallan käyttö on hyvin vaarallista. Moni mies hylkää hyvän kristinuskon, jos siinä on vähäistäkin vallan käyttöä. Heränneet puhuvat mielellään alatien kulkemisesta. Parhaimmillaan se on tärkeää vallankäytön poistamista. Suomalaisessa kulttuurissa on eräänlainen kastijako. Sellaisessa kristillisessä kulttuurissa, jossa halutaan olla lähellä Kristusta, ei kasteja ole. Kukaan ihminen ei ole alamainen. Suomalaisessa kulttuurissa on erilaisia tehtäviä, kuten presidentit, insinöörit ja siivoojat.

Puhun usein matemaattisin termein. Matematiikka on filosofiaa, sitä se oli René Descartesille. Hän oli aikanaan jesuiitta ja houkutteli viisaan kuningatar Kristiinan pois silloin omaksutusta protestanttisuudesta, luterilaisuudesta ja vanhurskauttamisesta. Vanhurskaus merkitsi silloin puhdasoppisuutta ja uskottavuutta, joka ei silloinkaan ollut pietismiä. Descartes käsittelee tasoja viisaasti, mutta ei käsittänyt vektoria eikä sen hienoa merkitystä. Se on myöhäisempi keksintö, kristittyjenkin kuten Isaac Newton.

Raamattu sanoo: "Särkynyttä oljenkortta ei muserreta ja suitsevaa kynttilän sydäntä Hän ei sammuta." Tämä sovellettuna moniin herätysliikkeisiin, tuo suvaitsevaisuuden kaikkia toisinajattelevia ihmisiä kohtaan ja toisenlaisia uskovia kohtaan.

Legenda ja rovasti Sigfrid Sirenius vietti paljon aikaansa työ-, metsä- ja merimiesten kanssa. Hän on Suomen kansalaissodan synnyttämien eripuraisuuksien ja syvien kuilujen mies. Tunnen hänen näkemyksiään melko tarkasti. Hän ei hyväksynyt aikansa luokkajakoa. Työväenliikkeiden miehet eri maissa yrittivät määritellä sosialismin kristillisyydeksi. Sen sortin sosialismia oli olemassa, joka hylkäsi materialismin, uskoi yliluonnolliseen ja tunsi pyhää kunnioitusta Jeesuksen armoa ja palvelevaa rakkautta kohtaan. Lisäksi siveellinen ja raitis elämä olivat heille hyvin tärkeitä ja pitivät niitä kunniassa. Riittääkö pelkkä pyytäminen ja elävä usko Jumalan olemassaoloon uudestisyntymiseen? Aitoina ne riittävät. Jos määritellään tällainen sosialismi kristillisyydeksi, niin se on hyvää ja oikein. Määrittelykysymys se vain on, eikä nimi miestä pahenna.

Kristillisyys tarvitsee uuden syntymän jälkeen vanhurskaita tekoja. Onko sosialismi vielä silloinkin armon rikkautta? Sireniuksella oli armoa, hyvyyttä ja syvä rukouselämä hänen pyrkimyksissään tehdä työmiehistä kristittyjä. Tämä ihana etuoikeus työmiehillä ehdottomasti on. On kaikille voimassa oleva yleinen pappeus. Sirenius ei ollut luonteeltaan virkamies, eikä komiteoiden jäsenyydet olleet hänelle elämän sisältö. Hän ei ollut "leipäpappi".

Englannista alkoi setlementtitoiminta, joka on asumista köyhien oloissa. Pienryhmätoiminnan katsotaan myös silloin alkaneen. Yksin oltaessa ryhmä on pienimmillään. Pienryhmät ovat erityisen suotavia. Voidaan paremmin palvella ja olla avoimempia, kun tutustuminen on henkilökohtaista.

1.3 Ihminen

Mitä olemme, sinä ja minä? Olemmeko vajavainen ja epärealistinen lihakasa? Ei toki, meillä on oikeudet, mutta meillä on myös velvollisuudet.

Velvollisuuksista puhutaan liian vähän, joskus ne unohdetaan kokonaan.

Nyt on lähteenä Raamattu. Luodessaan ihmisen Hän teki heidät, Aatamin ja Eevan, paratiisiin kuvakseen ja kaltaisekseen. Kaltaisena ja kuvana oleminen tarkoittaa myös ihmisen järki- ja tunne-elämää. Ihmisellä on aina ollut vapaa tahto. Paratiisissa oli vapaus kielletyn hedelmän syömiseen. Ihmiskunta on ollut olemassa tuhansia tai korkeintaan kymmeniä tuhansia vuosia. Merkkejä järkevästä olemassaolostaan eivät ihmiset ole jättäneet vanhemmilta ajoilta.

Eläimet ovat eläneet kauemmin kuin ihminen. Sitäkin kauemmin ovat olleet kalat, linnut, aurinko, kuu, tähdet, maat, meret ja kasvit. Valo, joka on ihmisten valkeus, on ollut aina. Kirkkautta emme ihmisinä kestä, mutta se on ollut jo alusta alkaen. Sen sijaan maailman synnystä ei tiedä kukaan ihminen. Ei mitään, vaikka jotkut toisin väittävät, tiedemiehetkin. Ihmiset, sinä ja minä, olemme suuria ihmeitä.

Lapsuusaikaan liittyvä uhmaiän käsite ei ole hyvä. Silloin lapselle kehittyy tärkeä tunne-elämä, joka voi olla ristiriidassa vanhempien näkemyksen kanssa. Vanhemman on silloin löydettävä rakkaudellinen kompromissi, joka kelpaa lapselle. Lapsen

26

positiivinenkin tunne-elämä myös kehittyy. Lapsen kietoessa kätensä äidin kaulaan, on taas kaikki ikään kuin "poispyyhittyä ja anteeksi annettua." Myöhemmin kehittyy myös voimakas häpeän tunne. Tähän on olemassa ratkaisu, joka selitetään toisessa kristillisyyttä käsittelevässä osassa. Vielä tulee rikas murrosikä, jolloin lopullinen itsenäistyminen tapahtuu.

Ihminen määritellään monin eri tavoin. Jos ja kun ihminen on vain vektori, sillä on vain suunta ja itseisarvo. Tällä vektorilla on tavoite, jota kohti hän etenee jollakin voimalla. Kääntymys on olennaista. Ihminen kääntyy 180 astetta, kohti Jumalaansa, eikä ole enää pois päin Hänestä. Todellista kääntymystä on olemassa vain 180-asteisena. Kääntymyksessä ihminen ei havaitse olevansa entistä havaintoaan parempi. Hän havaitsee vain paremmin ja on entistä huonompi. Mutta tehdessään tämän havainnon ihminen hieman paranee, jos tekee parannuksen. Hän ei tule kuitenkaan muita paremmaksi. Uskovien lähtötasohan on hyvin huonoksi havaittu, koska hyvän ihmisen ei tarvitse tehdä parannusta.

Toinen määritelmä ihmisestä on Hänen kaltaisuutensa, kolminaisuus: ruumis, sielu ja henki. Sieluun kuuluvat järki ja tunteet. Henki on ihmisen tahtotila. Ihmisen kokonaisuudella tarkoitetaan sitä, että ruumis on hengen käytössä.

Nyt tulee harkittu ja suuri väite. On olemassa Abraham H. Maslowin tarvehierarkia. Tämä hierarkia on epäkristillinen. Väitteeni on, että ruumis tarvitsee Henkeä elääkseen. Kansallisfilosofimme J. V. Snellmankin tunsi kansallishengen. Varsinkaan materialistinen tiede ei voi tuntea henkeä eikä siis elämää. Tukeutuminen tieteeseen ei ole aina kristillisyyttä, tiede ei aina tunne henkeä.

Puhutaan sitten vähän kommunikaatiosta, jossa ei ole tasoja. Hierarkioissa on tasot. Tässä kommunikaatiossa on vain vyöhykkeitä. Ihminen on ainoa järkevä olento. Hän toteuttaa järkevyyttään kuuntelemalla ja kommunikoimalla, eli esimerkiksi keskustelemalla toisen ihmisen kanssa. Kommunikaatiossa on viisi erilaista vyöhykettä: kliseisyys, asiallisuus, mielipiteet, tunteet ja tahtotila. Tahtotila vyöhykkeenä on tärkeä, uskova tarvitsee sitä joka hetki. Hän on yhteydessä Pyhässä Hengessä Jumalaansa alati. Uusi syntymä eli tahtotila eli henki on kääntynyt. Ollaan siten todellisessa elämässä mukana. Käytetään aktiivisesti kaikkia omistuksessa jo olevia viittä vyöhykettä.

Kolmannen hyvin järkyttävän määritelmän mukaan epätäydellinen ihminen ilman uutta syntymää on sokea, köyhä ja alaston. Tämä tarkoittaa myös niin sanottuja uskovia ja uskosta luopuneita?

Vihkialttarilla luvataan ja tahdotaan rakastaa myös vastoinkäymisessä. Tämä on mitä parhainta tahtotilaa. Ihmisten välinen suuri rakkaus syntyy, kun huolehditaan aviopuolison tarpeista, ei omista tarpeista. Naisen ja miehen tarpeet ovat hyvin erilaisia. Psyyke ja eros ovat olemassa ja ne voidaan hyväksyä. Tarpeiden eroja on, että mies tykkää enimmäkseen filosofiasta, kun taas nainen tykkää psykologiasta. Mies tykkää omasta mielestään oikeista ratkaisuista ja pyydystämisestä. Nainen haluaa paeta miestään. Molemmat voivat olla silti samalla tiellä. Pitää kommunikoida kaikilla vyöhykkeillä Hänen ja hänen kanssaan. Ihminen havaitsee olevansa epätäydellinen. Täydellisyys on kuitenkin olemassa. Se on olemassa ainakin teoriassa. Kristillisyyteen tarvitaan lisäksi Jumalan apua.

Seuraavaa kuva esittää ihmisen kokonaisuutta.

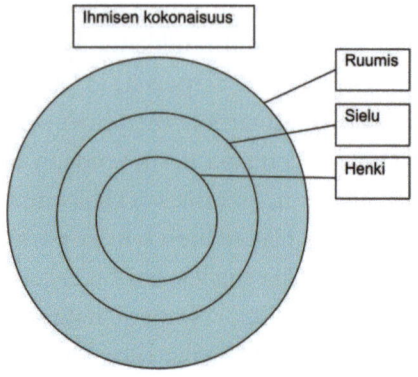

Ihmisen kokonaisuus

Ruumis

Sielu

Henki

Kuva 2. Ihminen

1.4 Identiteetti

Identiteetti on todella tärkeä ja hieno sana. Mietitään hetki mitä identiteetillä tarkoitetaan. Käsitteenä se on monipuolinen. Identiteetti on kaikkien löydettävissä. Onnellinen on identiteettinsä löytäjä. Hän löytää samalla todellisen ja oikean itsensä. Identiteetteinä voivat olla esimerkiksi globalisaatio, eurooppalaisuus, suomalaisuus, perheen jäsenyys, seurakunnassa oleminen, työpaikassa oleminen, kaupungissa, kunnassa, puolueessa, yrittäjänä tai eläkeläisenä oleminen. Mieluiten identiteetti on lähes kaikissa edellä olevissa. Globalisaation kristilliset lähetysjärjestöt löysivät jo aikoja sitten. He kertoivat kristillisen sanoman eli evankeliumin. Sitä eniten tarvittiin ja kaivattiin, myös "maan äärissä". Helsinkiläisenä helsinkiläisen ja vaikean identiteetin löysin vasta 15 vuoden kuluttua, kun professori Aapeli Saarisalo määrittelee suuren rakkauden, jonka Aurora Karamzin hyväntekijänä ja aristokraattina omisti. Hyväntekeväisyys ei saa olla ihmisen alistamista.

Kristillinen identiteetti syntyy usein suuren hädän hetkellä. Mitä pyydetään ja rukoillaan, kun kuolema tulee lähelle? Raamattu antaa siihen ohjeen ja tulee avuksi: "Avuksesi huuda Herraa, niin Hän kuulee sinua ja sinun pitää kunnioittaa Häntä." Kristillisessä identiteetissä ei enää elä minä, se kuolee ja vain Kristus elää.

Vihkiminen, ehtoollinen ja kaste eivät kuulu identiteettiin. Ne ovat armon välineinä tärkeitä. Ehtoollisessa muistellaan Hänen kuolemaansa ja ylösnousemista. Kasteessa on kuolema symbolisesti läsnä ja siinä iloitaan Hänen ylösnousemuksestaan. Armon välineisiin eli sakramentteihin voisi kuulua vihkiminenkin.

1.5 Isänmaallisuuden eli itsenäisyyden pitää olla monikulttuurista

Maita on jo reilusti yli 200 ja niitä lienee riittävästi ja niillä on yleensä selkeät rajat. Yleensä rajamuutoksiin tarvitaan sota, joka ei ole hyväksyttävää. Oikea itsenäisyys ja isänmaallisuus eivät kuitenkaan saa olla yltiöisänmaallisuutta. Kaikki kulttuurit ovat lähtökohdiltaan samanarvoisia. Ollaan lähtökohdalta isänmaallisia ja monikulttuurisia. Kohteliaisuus vaatii kunnioittamaan myös muita kulttuureja ja saa omaksua muunlaistakin ja parempaa kulttuuria, jos se ei sodi arvojamme vastaan. Toisaalta saa ja on hyvä pysyä omassa kulttuurissa, vaikka vieras kulttuuri ei olisikaan arvojamme vastaan.

1.6 Vapaus, oikeus, demokratia ja perustuslaki

Vapaus ja oikeus ovat kristityille hyvin tuttuja käsitteitä. On selvää, että ne kumpuavat rakkaudesta eli kristillisyydestä. Vapauteen liittyy aina myös vastuu, jossa ei enää kiusata ketään. Sen sijaan vapaana ollaan pitkämielisiä ja armollisia. Vapauden vastakohta on orjuus eli riippuvuudet. Kaikki riippuvuudet ovat aina orjuuttavia.

Valtio ei ole itsessään väärin. Keksittiin demokratia, joka on hyvin laaja käsite. Se alkaa vapaudesta äänioikeuteen ja sisältää mm. perustuslain. Valtio sisältää muunkin vapaudesta lähtevän lainsäädännön. Vapauteen sisältyy ehdottomana sananvapaus sekä uskomisen, yrittämisen ja pankkien vapaus.

Populismi on kansansuosion etsimistä siten, että kaikki hyvä asuu kansassa. Nykyisellä eliitillä, rikkailla ja aristokratialla on oikeutus, jos he tekevät hyväntekeväisyyttä rakkaudessa yli sen minkä verotus heiltä ottaa. Populismi ei ole pelkästään kielteinen asia, koska se voi tuoda esille kansan hyvän ja oikean mielipiteen. On tarpeellista muistaa, että kansa ei kuitenkaan ole kaikkivaltias. Kristillisdemokratia saa oikeutuksen, jos ei pyritä ensisijaisesti valtaan. Valtaan pyrkimättömyyden länsimainen demokratia sietää. Se oikeutus on myös osa sananvapautta.

Olisi määriteltävä julkisen hallinnon prosenttiosuus kansantulosta, jolloin ei tule alituista ja kaikille ikävystyttäviä pitkiä riitoja tästä asiasta. Pitkä riita voi orjuuttaa kansaamme. Lyhyt erimielisyys ei orjuuta. Verotus saa jäädä progressiiviseksi ainakin osittain. Se on silloin kristillistä, koska silloin varmuudella kannetaan heikkojen kuormia. Julkinen talous, joka elää osittain veroilla, pitää erottaa yksityistaloudesta ja kilpailusta. Jos kolehdit, jäsenmaksut tai verot menevät vääriin tarkoituksiin, olemmeko silloinkin oikealla tiellä? Silloin vajavuus tulee vain näkyväksi. Vajavaisuuden ja synnin tunnustamisessa ja hylkäämisessä on kaikille valmistettu tie.

Poliittinen toiminta on toivottua, jos ja kun se tapahtuu vapauden arvon hyväksyen. Vapauteemme kuuluvat tärkeänä osana myös itsehallinto ja oikeus-valtio. Oikeusvaltiossa tuomareilla on tärkeä teh-tävä, jota ei voida kylliksi korostaa. Hän on ylituo-mari ja tuomitsee aina oikein ja on läsnä viimeisellä tuomiolla. Demokratia on edustuksellista vallan käyttöä tai päätöksentekoa, jossa kaikilla on puhe-oikeus. Se on arvovaltaa, kun käyttää puheoikeutta tai kansalaisaloitetta ja menestyy.

1.7 Kulttuuri ja sosiaalisuus ovat kansallisia piirteitä

Puhe kulttuurista ja sosiaalisuudesta on olennaisuu-den etsintää. Kulttuurillisuus ja sosiaalisuus ovat hyvin lähellä toisiaan. Korkeakulttuuri on parasta, jos sitä ymmärtää. Mutta tässä kulttuuri on käsitet-tävä hyvin laajasti. Pelkkä korkeakulttuuri ei nyt kel-paa. Kulttuuria on kaikki missä liikumme ja kaikki mitä teemme. Matemaattisesti sanoen kulttuurin ja sosiaalisuuden leikkaus on meistä riippuen hyvin suuri. Uskonto ja varsinkin elävä usko ovat taidok-kaasti hoidettuina vahvoja kulttuurien muokkaajia.

Parhainta Suomen maassa ja suomalaisessa kulttuu-rissa on, että se usein johtaa johonkin kristilliseen seurakuntaan. Se on hyvin toivottavaa. Seurakunta on yksi hyvistä koulumuodoista. Tällöin ymmärryk-sen rakkaudesta, armosta ja kulttuurista pitää suu-reta ja syvetä. Suomessa on ollut koulujärjestelmä, jota on pidetty hyvänä. On suotu kullekin mahdollisuus käydä koulua lahjojensa, ei syntyperänsä, mukaan. Isoisä tuli huutolaispojasta maanomistajaksi eli pienviljelijäksi. Toinen isoisä tuli kaksi vuotta koulua käyneenä mieron tien kulkijasta ratavartijaksi. Tämä oli molemmilta huikeaa menestystä.

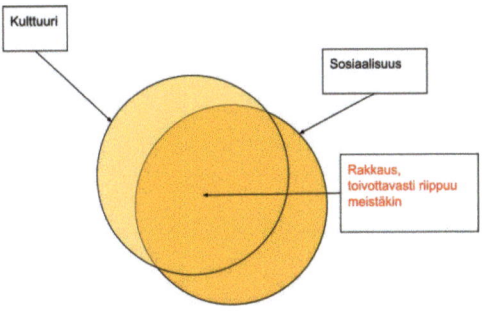

Kuva 3. Kulttuuri ja sosiaalisuus

OSA 2

Seurakunta

2.1 Kristillisyyttä ja seurakuntaa ei voi määritellä

Kokemus kristillisyydestä kehittyi edelleen tullessani vuonna 1998 Kuopiosta Helsinkiin. Tiukkapipoisuus väheni, vapaus lisääntyi ja opin lepoa, joka on Kristuksessa. Kristillisyys sanan sijasta voi ja saa käyttää käsitettä armorikkaus. Tämän jätän siis määrittelemättä. Kristillisyys sana viittaa persoonaan nimeltä Kristus. Seurakunta on toinen niin vaativa sana, jonka määrittelyyn en ryhdy. Seurakuntaa ei voi ymmärtää täysin. Tiedetään aviomiehen olevan Kristuksen vertauskuva eli allegoria. Aviovaimo puolestaan on seurakunnan vertauskuva. Kun kaksi tai kolme on kokoontunut Hänen nimessään, siinä Kristus lupaa olla heidän keskellään.

Juutalaisuudesta on kerrottu, että kymmenen mieshenkilöä riittää synagogan perustamiseen. Mielestäni seurakunnan perustamiseen ei tarvita nykyisinkään kymmentä henkilöä, vanhimmat ja yksi taloudenhoitaja ainoastaan tarvitaan. Seurakuntakoti on

39

sellainen tila, ei välttämättä rakennus, jossa voitta-
vaa rakkautta saa palvoa.

Perustava ajatus kristillisyydestä on, että Jumala eh-
dottomassa oikeudenmukaisuudessaan vaatii ran-
gaistusta ihmiselle, joka on häpeällisen viallinen,
syyllinen ja syntinen. Tähän Jeesus tulee sijaissovit-
tajaksi. Jeesuksen ristillä tapahtuneessa kuolemassa
saamme anteeksi kaiken vajavuuden, välinpitämät-
tömyyden ja synnit. On huomattu, että sosiaalisuus
on ihmiselle hyvin terveellistä. Sairaus voi olla syn-
nin seurausta. Tällöin paraneminen voi heti ilmetä.
On hylättävä pahuuden tie ja elettävä kääntymyk-
sessä. Hän toi hyvän ratkaisun syntiongelmaan.
Otetaan vastaan myös muut hyvät ratkaisut, sel-
laista tosin ei ole vielä löytynyt.

Jumala on kolmiyhteinen: Isä, Poika ja Pyhä Henki.
He ovat persoonia, joista Pyhä Henki, helluntain
Henki, tuli maailmaan viimeisenä. Pyhän Hengen
tärkeitä ominaisuuksia ovat: voima todistaa, puo-
lustaminen, kehottaminen ja lohduttaminen. Py-
hällä Hengellä on armolahjoja ja Galatalaiskirjassa
mainittuja hedelmiä. Palvelun tuottamat hedelmät
ovat näkymättömiä. Arvot ovat olemassa ja ne mää-
ritellään hierarkkisiksi.

Kristityt ovat arvokonservatiivisia. Konservatiivi-
suus tarkoittaa vanhan säilyttämistä. Siinä on

yhteisöllisyyttä, joka ei unohda tulevaisuuttaan. Vanhan säilyttäminen ja yhteisöllisyys eivät aina ole kristillisyyttä. Uuden torjuminen ei aina ole suotavaa. Hyvä on erotettava pahasta. Kristillisyys on ennen muuta rakkautta. Hän on olemassa ja elää kristillisissä arvoissa. Kaiken kattavia ovat perusarvot. Kirjoittajan perusarvot ovat nykyisin hyvin inhimillisiä: "Tie, totuus ja elämä." Aikaisemmin perusarvoni olivat klassista tiedettä: "Hyvyys, totuus, pyhyys ja kauneus." Hyviä perusarvoja nekin olivat. Perusarvot vastaanotetaan uskolla. Tämä vastaanottaminen on täten pelkää armoa.

On olemassa sota, informaatiosota, joka on aina käynnissä, vaikka sitä ei aina tiedosteta. Hengellinen sota on hyökkäyssotaa, jos meillä on miekkana Herran Sana. Herra Jeesus elää Sanassa eli arvoissa. Elämään tulon jälkeen tulevat yleensä vanhurskaudessa tehdyt teot, puvut, joista maallinen puku on sotainen, mutta taivaallinen on pellavan valkoinen. Näitä pukuja ei edes huomata. Mitä on neitseestä syntyminen ja kuoleman voittaminen? Kristillisyys sisältää myös yliluonnollisuutta. Mikä onkin luonnollista, kun tarvitaan kaikkitietävää ja kaikkivaltiasta.

Kristityn identiteetti on Kristus. Hän elää meissä ja maallinen minä kuolee. Tällöin ei enää ole halua farisealaiseen hapatukseen eli olemiseen muita parempana. Vallan käyttö ei enää kiinnosta. Usko kuolee, jos ei ole vanhurskaudessa tehtyjä tekoja. Tarvitaan uskosta käsin tehtyjä johtopäätöksiä. Ne ovat myös tekoja. Teko syntyy varmuudella, kun elää tehtyjen päätösten mukaisesti. Näitä vanhurskaita tekojaan ihminen ei huomaa.

Ylipappi Aaronin helmassa on vuorotellen tiuku ja hedelmä. Kristillisyyteen tulee siitä hyvä vertauskuva eli allegoria. Puhetta eli rakkautta eli tiukuja on yhtä paljon kuin yliluonnollisuutta ja muita hengen hedelmiä. Yliluonnollisuutta kuvaavat eräät esimerkit, jotka ovat toivottavasti luonnollisia: "Vastauksia antava rukous, kasvattava armo ja anteeksi antava usko, joka on armoa."

Syvää kristillisyyttä eli armorikkautta voidaan kuvata myös helmenä, jota ei anneta sioille. Myös kauniit ajatukset ovat näitä kauniita helmiä.

Kristillisyydessä on kysymys siitä rakkaudesta, joka on Raamatussa. Siinä kerrotaan pääosin Israelin historia. Israel on Lähi-Idän paras valtio ja ainoita länsimaisia alkavia demokratioita. Fiksu kansa, josta on ollut ja on paljon hyötyä ihmiskunnalle, mutta myös haittaa, jääräpäitähän hekin ovat. He ovat viisaita, joiksi heidät luotiinkin. Heitäkään ei pidä kadehtia.

Filosofia ja psykologia ovat kristillisyyttä, kun niitä oikealla tavalla sovelletaan. Esimerkki psykologiasta: ihmisen itsetunto voi olla heikko, terve tai vahva. Heikkojen tähden itsetunnon pitäisi olla terve, ei vahva. Kukkuloiden alentaminen, laaksojen korottaminen ja teiden suoristaminen ovat hyviä esimerkkejä psykologiasta, joka on tulkittu oikein. Ne voi tulkita ylpeydeksi ja nöyryydeksi.

Suvaitsevaisuus on vaikeaa ja syvää kristillisyyttä ja syntyy vasta kun ollaan eri mieltä jostakin asiasta. Erimielisyydet ovat kouriintuntuvimmillaan läheisissä ja syvissä ihmissuhteissa. Oikeassa avioliitossa on onneksi vähemmän järkeä ja enemmän tunnetta. Avioliitto on ensisijaisesti tahtotila. Seuraavaksi määritellään rakkaus.

2.2 Rakkauden määrittely

On todettava aluksi, että on eroa Jumalan ja ihmisen rakkaudella. Jumala rakastaa aina ja ilman ehtoja, mutta ihmisrakkaus voidaan määritellä ehdolliseksi. Pienoisevankeliumissa kerrotaan millä tavalla Hän rakastaa, antamalla ainokaisen Poikansa kuolemalle.

1. Korinttilaiskirjeen 13. luku yllättäen sisältää jumalaisen rakkauden määritelmän. Rakkaus on verraton tie. Sitä ei voi verrata mihinkään, koska rakkaus on ainoa suurin. Suuruusjärjestyksen pitäisi

olla helppoa. Rakkaus on väkevä kuin kuolema. Verrataan rakkauden väkevyyttä kuitenkin kuolemaan. Kuolema on vihollisista viimeisenä kukistuva. Rakkaus, toivo ja usko jäävät iäti olemaan. Voittava rakkaus saapuu perille voittajana. Rakkaus on suurinta, kun antaa henkensä ja kuolee ystäviensä edestä.

Mitä rakkaus ei ole kerrotaan 1. Kor. 13. luvun alussa.

"Vaikka minä puhuisin ihmisten ja enkelien kielillä, mutta minulla ei olisi rakkautta, en minä mitään olisi. Vaikka minulla olisi profetoimisen lahja ja tuntisin kaikki salaisuudet ja kaiken tiedon, en minä mitään olisi. Ja vaikka minulla olisi kaikki usko ja antaisin pois omaisuuteni, mutta minulla ei olisi rakkautta, en minä mitään olisi." Nämä hienot ominaisuudet eivät kelpaa rakkauden määritelmään. Rakkaus on vielä suurempaa.

Mitä rakkaus on, se suurin kerrotaan 1. Kor. 13. luvun lopussa.

"Rakkaus on lempeä, kärsivällinen, kadehtimaton, kerskumaton, pöyhkeilemätön, käyttäytyy hyvin, omaansa etsimätön, iloitsee totuudesta, ei muistele kärsimäänsä pahaa." Ei tämä voi olla muuta kuin suurta rakkautta.

Katsele seuraavaa kuvaa ja omaksu sen piirteet niin rakastut oikeasti.

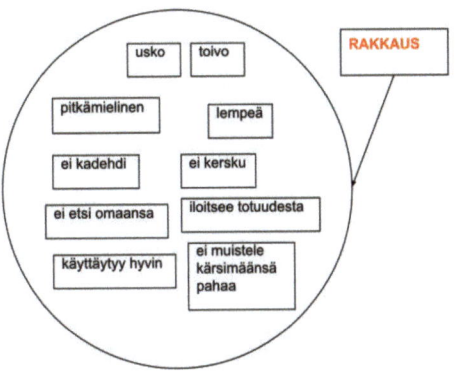

Kuva 4. Rakkaus

2.3 Presbyteria, kongregationalismi ja episkopaalisuus voivat olla rakkaudellisia rakenteita

Otsikossa mainitut käsitteet ovat lähinnä seurakunnallisia ja länsimaisia. Nämä rakenteet voivat olla myös hallinnollisia. Jos rakenteet eivät käytä valtaa, niin ne ovat kristillisiä. Presbyteriassa päätöksentekoa käyttää pääasiassa vanhimmat, kongregationalismissa seurakunta ja episkopaalisuudessa piispa tai johtaja. Päätöksiä saa ja pitää tehdä. Hallituksia ja vanhimpia tarvitaan, jos niissä on keskimääräistä "kristillisempiä", paremmin sanottuna rakkaudellisia ja armorikkaita ihmisiä, kuten tavallisesti asian laita onkin. Presbyteria sisältää vähän

45

kongregationalismia, joka toteutuu seurakunnan kokouksissa keskustelutaitona, ja episkopaalisuutta, joka puolestaan toteutuu esittelijän oikeutena, jossa on myös hieman barbarismia. Juuri tämänkaltaista presbyteeriyttä tarvittaisiin kaikissa hallinnoissa ja kaikissa ihmisissä. Ei etsitä pieteettiä, eikä aristokratiaa vaan etsitään Kristusta.

2.4 Ystävyys, diakonia ja välittäminen voivat olla rakkautta

Diakoniakin on määriteltävä. Monista kolmannen sektorin toiminnoista löytyy ystäväpalvelu. Ystävä on erittäin arvokas. Ystävän laulu kertoo, miten löydetään todellinen ystävä. Todellinen ystävä on kultahippu sille, joka sellaisen saa. Ystävyys on paljon enemmän kuin nykyinen diakonia. Nykyinen diakonia määritellee itsensä lähinnä seuraavasti. Diakonia on lähinnä terveys-, ravinto-, siivous-, hygienia-, asiointi- ja edunvalvontapalvelua. Ystävyys ei tee määritelmää, mitkä palvelut siihen kuuluvat. Ystävyys vaatii nykyisin asiantuntemusta lähes kaikissa niissä asioissa, missä aiotaan palvella. Todellinen ystävä tekee kaiken tarvittavan: rukoilee, lukee, vaihtaa lampun, vaihtaa kanavat televisiossa, ajat kelloissa, opettaa käyttämään tietokonetta, lähtee ystävän mukaan tarvittaessa kauppoihin jne. Hänellä tuntuu olevan aikaa kaikkeen tarpeelliseen. Välittäminen on erittäin kaunista. Sitä on niin vähän tässä

kylmässä maailmassa? Välittäähän voi aina ja kaik-
kialla. Kohteita kyllä riittää.

OSA 3

Koulut ja elämänkoulu

3.1 Jumala on rakkaus, mutta rakkaus ei ole Jumala. Hän vihaa syntiä.

Elämä on annettu sitä varten, että valmistutaan iankaikkisuutta varten. Kaikki elämä on lahjaa ja pelkkää koulua. Se on yhdessä olemista ja oppimista toisten kanssa ja avulla. Elämä on kehitystä, ei vallankumousta. Hyvänä pidetty koulujärjestelmä on elämän koulua ja on kaikille erittäin hyödyllinen.

Keväisin luonto ikään kuin herää uuteen elämään. Kasvit ja eläimet ovat kestäneet kylmyyden, talven, lumen ja roudan. Ne tuntuvat odottavan kesän riemukasta tuloa valmiina uusiin haasteisiinsa. Tämä ja luonnon monimuotoisuus mykistää minut. Järki ei riitä kaikkea käsittämään. Se on vuosituhantinen ihme. Elämä alkaa kuolemasta. Tämä selostetaan jäljempänä.

Parannuksen tarve on havaittava ja koskee joka kerta vain itseä, ei koskaan ketään toista. Siinä ei tulla muita paremmaksi. Ainoastaan tullaan parannus tehden jonkin verran entistä itseä paremmaksi.

Tässä elämässä voi noudattaa hyviä oppeja ja hyviä sääntöjä. Niitä löytyy Raamatustakin, joka sanoo: "Jumala on rakkaus." Onko sitten rakkaus Jumala? Viha ei ole rakkautta. Rakkaus on hyvin monipuolista ja kekseliästä. On olemassa Isän rakkautta, josta kaikki isyys lähtee. On äidin rakkautta, miehen ja naisen välistä rakkautta ja lähimmäisen rakkautta sekä raamatullista rakkautta. Jos voittava rakkaus määritellään, sitä on olemassa. On muistettava, että Jumalan pitkämielisyys kestää yli sukupolvien. On väärin koetella Hänen pitkämielisyyttään.

Jotkut kertomuksista jäävät klassikoiksi ja elävät aikojen taakse. Klassikoista on tässä esimerkkejä. Kertomus isän rakkaudesta on kuvaus tuhlaajapojasta. Isän sydän heltyy ja hän juoksee rääsyistä poikaansa vastaan, laittaa sormuksen sormeen ja järjestää suuret pidot poikansa löytymisen kunniaksi. Isältä saatu ja kaikki muu omaisuus oli tuhlattu. Tässä on jotain jumalaisesta isyydestä.

Äidin rakkaus ilmenee Marian katsoessa kuolevaa poikaansa ristin luona. Yllättävää tässä kertomuksessa on, että palvelija onkin Jeesus sanoessaan: "Äiti katso poikasi ja poika katso äitisi."

Miehen ja naisen välisen rakkauden Paavali sanoo olevan erittäin suuri. Se on salaisuus, joka tarkoittaa Kristusta ja seurakuntaa. Mies rakastaa vaimoaan.

Hän on valmis kuolemaan vaimonsa puolesta ja vaimo kunnioittaa miestään. On myös kristillistä, kun aviomies myöntää, että ei täysin ymmärrä eikä tunne aviovaimoaan, ja aviovaimo myöntää, että ei täysin ymmärrä eikä tunne miestään. Avioliitossa on samalla suolaa. Sitä on esimerkiksi miehen ja naisen väliset fyysiset ja psyykkiset erilaisuudet. Psyyke on hyvin erilainen verrattuna erokseen. Jumala antoi lahjaksi seksuaaliset tarpeet, joilla aviopuoliso voi palvella. Ei saa kuitenkaan olla himokas ja alistaa, joka on kiusaamista. Pahimmillaan seksuaalisuus on raiskaamista. Rakkaus tulee ihmisen ulkopuolelta. Amorkin, se veitikka, ampuu nuoliaan ihmisen ulkopuolelta.

Lähimmäisen rakkaus on kertomus ryöstetystä miehestä ja laupiaasta samarialaisesta, joka auttoi ryövättyä miestä.

Via Dolorosa päättyy ristin kuolemaan ja ylösnousemukseen. Kertomus löytyy raamatusta ja on suurin rakkauskertomus. Kristitylle tämä kertomus on Hänen suurinta rakkauttaan.

Jumala on tunne-elämältään, niin voidaan sanoa, tavattoman rikas. Hän tuntee syntiä kohtaan vihaa, koska on oikeudenmukainen. Syntinsä tunnustavia ja kuuliaisiaan kohtaan Hän tuntee armoa. Ihmettelet varmaan temppelin puhdistamista, jonka ihmiset olivat tehneet ryövärien luolaksi, vaikka sen piti olla rukouspaikka. Hän sanoo: "Älkää antako auringon laskea vihanne yli ja vihastukaa, mutta älkää syntiä tehkö." Kiivaus kuluttaa Häntä ja meitä. Elämme maailmassa, jossa on vihaa ja vihollisuuksia. Vihaa ei tule rakastaa, koska Hänkään ei rakasta vihaa. Ei ole syntiä olla kiivas. Tulee olla oikeasta asiastaan innostuva ja rikas tunne-elämältään, mutta on syntistä olla fanaattinen ja kiihkeä. Tällä tarkoitetaan sitä, että ei jakseta kuunnella lähimmäisellä olevaa erittäin tärkeää tarinaa.

Kiivaillaan sitä, jos ja kun rakkaus selostetaan tiedotusvälineissä vajavaisesti. Valehtelu eli vaillinainen selostus ammatti-ihmisiltä tässä kaikkein tärkeimmässä asiassa on mielestäni syntiä. Ensinnäkin eräät ihmiset, jotka saavat asiaa selostaakseen, eivät näköjään tiedä mitä todellinen rakkaus on. Rakkaus selostetaan usein vain kahden ihmisen väliseksi suhteeksi, vaikka rakkaus on paljon suurempaa. Esimerkiksi raamattu heitetään oitis romukoppaan. Samalla sinne menee Jumalakin. Eräät piispat ja eräät tietoniekat eivät ole viisaita tässä asiassa.

Toinen suuri väärinymmärtäminen on juhlimisen käsitteessä. Sanotaanhan suomalaisessa kulttuurissa estoitta: "Ilo ilman viinaa on teeskentelyä." Totuus on päinvastainen. Juhliminen viinan kanssa on teeskentelyä. Aito juhla on iloa, pukeutumista

54

parhaisiin ja siinä on mieltä nostattavaa ohjelmaa, puheitakin. Isä oli aikanaan hyvä puhuja. Omasta mielestään hän epäonnistui totaalisesti puhetta pitäessään. Näin hän kävi menestyksekästä kuoleman koulua. Kuolemasta tulee tekstiä jatkossa.

Isä oli puhelias joulupukki kansakoulun kuusijuhlassa. Elämä tarvitsee paljon juhlintaa. Sapatti ja lepopäivä ovat juhlaa. Tohtori Jouko Jääskeläinen on kirjoittanut juutalaisen kulttuurin monista juhlista. Jokaisen pitää löytää oma tapansa juhlaan omassa kulttuurissaan. Juhla voi olla pienimuotoistakin. Tärkeää on juhliminen. Aina on hyvä juhlia, kun siihen löytyy pienikin syy.

Harmia ja kiivautta synnyttää se, jos tiedemies on kaikkitietävä ja kaiken ymmärtävä. Todellisuudessa hän on tällöin tyhmäksi tullut. Oikea tiedemies epäilee kaikkea, jopa omia havaintojaan. Tiedemieskin vain uskoo. Uskova on puolestaan se, joka uskoo todella. Hän siis tietää. Uskominen ei ole väärin, jos uskoo esimerkiksi tiedemieheen. Pitää valita oikea usko, eikä uskoa mihin tahansa. Lisänä tarvitaan armoa. Se on uskosta johdettavat päätökset ja vanhurskaat teot. Tämä tarkoittaa kuuliaisuutta.

3.2 Välinpitämättömyys on inhimillistä, vajavaisuutta ja epätäydellisyyttä

Mietelause sanoo: "Täydellisyyteen kannattaa aina pyrkiä, koska siellä ei ole vielä ketään ja kuitenkin kaikille on tilaa runsaasti." Ihminen on vajavainen, epätäydellinen ja välinpitämätön. Hän ei saavuta tässä elämässä täydellisyyttä. Yksin olevia, yksinäisiä ja sinkkuja on useita ja erityisen paljon suurkaupungeissa. Yksinäisyyteen on useita erilaisia syitä. Syy voi olla, ettei täysin ymmärretä voittavan rakkauden määritelmää. Eikä aina osata luoda todellista parisuhdetta. Suuri rakkaus ei ole vain tunnetta, siinä tarvitaan myös kärsivällisyyttä. Joskus tarvitaan hiljaisuutta ja tilaa rakkailta ja ystäviltä, jos niitä on. Pitää myös itse etsiä ystävää.

3.3 Hyvyys ja pahuus taistelevat ihmisessä, mutta hyvyydellä on suurempi voima kuin pahuudella

Otsikossa on vanha viisaus. Voimalla tässä tarkoitetaan myös puolustusvoimia. Ei siis tarkoiteta hyökkäysvoimia. Tämä lausunto on voimakas, analyyttinen ja kantaa ottava. Sota on epäkristillistä. Sitä haluaa se, jonka mielestä rajoja pitäisi muuttaa. Se on aivan tarpeetonta. Ainoastaan on tarvetta puolustaa niitä arvoja, jotka saadaan Jumalalta. Oikea pakolainen pakenee vasta kun rauha ei kelpaa lähimmäisille. Hän puhdistaa pölyt jaloistaan ja siirtyy seuraavaan taloon. Arvojaan saa ja pitääkin vajavaisen ihmisen aina ja kaikkialla puolustaa. Harva kuitenkaan havaitsee eron, joka on uskonnon ja elävän uskon välillä. Suuri ero löytyy myös kristillisyyden ja humanismin väliltä.

3.4 Ylpeys, nöyryys ja suvaitsevaisuus

Ylpeys on hyvin lähellä ihmistä. Kaikki lankeavat siihen helposti ja usein. Ajatuksemme ovat usein syntisiä. Muita parempi ihminen on syntinen. Enemmän kuin vapautta, sodat ovat opettaneet meille nöyryyttä. Samoin kaikki sodan kauhut kokeneet isät ja äidit ovat tahtoneet opettaa nuorille nöyryyttä. Nykyisin sodassa ovat marttyyrit ja aseena on miekka, joka on Elävä Sana. Tämän sodan ase ei ole fyysinen ja sen taistelut ovat henkisiä tai hengellisiä. Ylpeys asuu syntisessä ihmisessä.

Nöyryydellään tai vaatimattomuudellaan ei voi eikä saa ylpeillä. Olet joko ylpeä tai nöyrä. Olet jo valinnut puolesi. Toivottavasti valitset nyt ja tänään oikein. Job on nöyrä ottaessaan vastaan suuret menetykset ja sanoo: "Herra antoi, Herra otti, rauha jälkeen taistelun." Huomaathan Jobin taistelleen paljon, luultavasti itseään vastaan. Lopulta hän sai suuren omaisuuden.

Suvaitsevaisuus on eräs tärkeä ja vaativa kristillinen hyve, jossa rakkauskin piilee. Suvaitsevaisuus on ehdottomasti eri asia kuin hyväksyminen. Suvaitsevaisuus toimii vasta kun ollaan eri mieltä jostakin asiasta. Vaikeaa se on kristityillekin. Eikö olekin? Se vaatii nöyryyttä. Liioiteltu nöyryys, ei ole kristillinen hyve. Se on suuri kristillinen pahe. Muistettavaa on vajavaisuus. Ihminen on vain etsivä, kolkuttava ja myös löytävä. Ihminen on ylpeä haluamattaan. Siksi hänen on aina etsittävä nöyryyttä.

3.5 Analyyttisyys, synteesi, priorisointi, luokittelu ja vastakohtaisuus

Koulussa ja muutenkin keskustelutaitomme on usein kateissa. Osaamme kyllä puhua pulputtaa ja pitää esitelmiä. Oman tarinan kertominen on paljon helpompaa kuin toisen elämän kertomuksen kuuntelu. Ensin on opittava kuuntelemaan ja sen jälkeen oppii keskustelemaan. Hyvä keskustelu on lyhyitä puheenvuoroja ja mieluiten ehdotuksia sisältäviä. Keskustelu on ehdottamista, kannattamista ja asioita selventävää. Puhuminen on muutoin turhaa.

Analyyttinen keskustelu tarkoittaa käsiteltävän asian jakamista hyvin pieniin osiin. Motivaatio ei ole oikeassa olemisen löytyminen. Maksimissaan asia jaetaan niin pieniksi paloiksi kuin suinkin se on mahdollista. Elämäkin voidaan jakaa pieniin osiin.

Laulaja laulaa särkyneestä saviruukusta. Hänen pienistä vikaan menneistä muruista kootaan jotain pysyvää. Silloin puhutaan jo synteesistä. Se onkin tarpeellista, jos halutaan tehdä ehdotus.

Huomaamatta priorisoidaan ja luokitellaan. Priorisointi on asioiden asettamista tärkeysjärjestykseen, joka on tavattoman vaikeaa. Usein asetetaan oma suuri minä ensimmäiseksi, toisena on lääkäri ja Jumala on vasta kolmantena. Pitäisi olla päinvastoin. Miten sinä rukoilet? Huudatko hädässäsi ensimmäisenä Jumalaa? Löydät avun Luojaltasi ja luonnontieteestäsi. Apu ei tule ihmiseltä. On raamatullisempaa olla luonnontieteilijä kuin humanisti. Uskottavuus on eri asia kuin usko, uskollisuus ja kuuliaisuus.

Luokittelulla pyritään vallankäyttöön. Se on väärin. Luokittelussa ei saa asettua kenenkään yläpuolelle. Kunnioittamisesta sen sijaan voi kilpailla.

Vastakohtaisuus on vaikeaa määritellä. Taivas ja maa eivät ole vastakohtia toisilleen. Ne ovat vain erilaisia valtakuntia omine lakeineen. Kristillinen lainsäädäntö yrittää lähentää näitä lakeja toisiinsa. Suuri erehdys on, jos pappi opettaa, että kristillisyyden vastakohtana on maallisuus. Oikea vastakohta kristillisyydelle on lihallisuus.

3.6 Kunnioita myös esivaltaa!

Muutettuani Turkuun opiskelemaan ei ollut aikaa miettiä vallankäyttöä. Ei aikaa ollut seuraavina viitenä Turun vuotenanikaan. Oli muka tärkeämpää miettimistä. Kuulin minulle sopivana aikana Hänen kutsunsa ja armahtavaisuutensa. Tietoni olivat vajavaisia. Eikä niitä ole myöhemminkään paljoa karttunut, vaikka olin monessa mukana.

Esivalta on varsinaista, auktorisoitua, todellista ja hyväksyttävää vallan käyttöä. Eikä esivalta turhaan miekkaa kanna. Mille annetaan kunnioitus? Kunnioitetaanko esivaltaa? Kuitenkin Jumalaa on kunnioitettava enemmän kuin maallista esivaltaa ja on kunnioitettava Jumalaa ensisijaisesti. Tämä on vaikeaa. Se vaatii nöyryyttä. Aina tarvitaan nöyryyttä, jos vapautta viedään pois. Tunnen, että minua alistetaan, kun muita alistetaan, lainsäädännössä tai muutoin. Lainsäädännön pitää turvata vapaus. Puolustetaan niitä hyviä arvoja, jotka on omaksuttu. Puolustetaan vaikka vapaus ja kaikki arvot riistetään. Aina on oikeus ja velvollisuus rakkauteen. Voittava rakkaus kohdistuu kaikkiin sosiaalisiin vyöhykkeisiin.

OSA 4

Elämä alkaa kuolemasta

4.1 Kuolema itselle eli minälle on totuus, joka kutsuu jokaista

Milloin taivaallinen rakkaus on suurimmillaan ja miten se tapahtui? Se kerrotaan lopuksi. Silloin ei pelkää kuolemaa kovin paljoa, jos tietää, että minä kuolen, joskus jopa kahdesti. Syntymäkin voi tapahtua kahdesti. Kristillinen kuolema ja syntymä ovat ennen maallista kuolemaa. Tämä tieto on hyvin lohdullinen. Ihmisen todellinen elämä syntyy kuoleman kautta. Maallinen kuolema on vain vertauskuva tästä todellisesta kuolemasta. Todellinen kuolema on Ihmisen Pojalla, joka puhuu seuraavasti: "Hetki on tullut. Ihmisen Poika kirkastetaan. Jos vehnän jyvä ei putoa maahan, ja kuole, se jää vain yhdeksi jyväksi, mutta kuollessaan se tuottaa runsaan sadon." Sen sadon Ihmisen Pojan kuolema onkin jo ainakin osittain tuottanut. Hän jatkaa: "Tahtooko joku olla palvelijani? Nyt järkytyn. Isä pelasta minut. Ei. Juuri tähän on elämäni tähdännyt – kuolemaan ristillä ja Isän hylkäys, mutta lisäksi tuli ylösnousemus." Miksi Jeesuksen sijaan Simon

Kyreneläinen kantaa ristiä? Tarkoittaako Hän, että meillä on tehtävä olla Jeesuksen todistajana? Löydänkö Hänet, joka sanoo olevansa tie, totuus ja elämä? Hän on se täydellinen. Tavoite armosta ja hyvyydestä on siis löydettävissä, ei kasvaessa. Joskus tarvitaan lisäksi hieman aikaa vatuloidaksemme päätöstä ja suun tunnustusta.

"... ehkä aamulla jo luonas siellä, katsella saan iät Karitsaa."

Oletko sinä ansainnut tämän katselun? Ei mitään ansiota ole minullakaan.

Toinen hengellinen laulu alkaa sanoilla:

"Ah, etten mitään oisi ... pantu mestarin jalkain juureen korjaustansa vartoamaan ..."

Lähteet

Kaikki lähteet ovat omaksuttuja ja tehdyt ihmisen tai ihmisten toimesta. Vain näin määriteltyinä lähteet ovat minulle lähteitä ja hyvin tärkeitä kaikki kylläkin.

Raamattu, useita kirjoittajia

Maslow on management, Abraham H. Maslow

Sigfrid Sirenius, Topi Tarkka

Juhlien juhlat, Jouko Jääskeläinen

Kuule Israel, Harri Kröger

Koulunkäynti, seminaarit, virret ja laulut sekä toiminta ihmisten parissa on mielestäni myös lähde.

Pyhäkoulu

Radio ja TV-tekniikan opiskelu ammattikoulussa ja aliupseerikoulussa

Tietoliikenteen ja tietotekniikan opiskelu teknillisessä opistossa ja korkeakoulussa

Seurakunnat Äänekoskella, Turussa, Kuopiossa ja Helsingissä

Toiminta julkishallinnon päätöksentekijänä

Osallistuminen NMKY:n avioliittoseminaareihin

Perheiden rukoustuki

Laulujen sanat

Hyvät puheet

Ihmisiä, jotka ovat elämänmatkan aikana vaikuttaneet minuun.

Vaimoni Marja

Esi-isät ja -äidit

Uskova äiti ja isä, Kerttu ja Jaakko

Uskova sisar, Toini

Hengellinen isäni nuorisotyöntekijä Taisto Pulkkinen

Seurakuntien johtajat ja lähetysihmiset Niilo Katila, Heikki Lahti, Werner Raassina, Toivo Marttala, Helvi Halme, Onni Haapala, Ilkka Salminen, Mauno Viinikkala, Raili Väisänen ja Kari Korhonen

Pastori Kari Törmä

DI, varatoimitusjohtaja Pentti Laiho

Gideon ja kappalainen Rauno Pekkanen

Harmaantuvien eminenssien presidentit Pentti Nurmi ja Lauri Leppänen

Viikkosavon entinen päätoimittaja Antti O. Arponen

Pastorit ja lähetystyöntekijät Israelissa Olavi Syväntö ja Harri Kröger

Ystäväni Saarijärveltä Ari Ylitalo ja psykologiset puheet

Laulujen tulkinta Viktor Klimenko

Laulujen tulkinta Eija Merilä

Lankoni Matti Alakurtti

Ristin Voiton päätoimittaja Leevi Launonen

Poikani Jouni ja ystävätär Heli

Tyttäreni Jenni ja aviomies Vesa

Huomionosoitukset ja kiitokseni

Vaimolleni Marjalle korjauksista ja eritoten kärsivällisyydestä

Pojalleni Jounille taitosta, oikoluvusta ja korjauksista

Tyttärelleni Jennille oikoluvusta, korjauksista ja piirroksista

Vesalle asiallisuudesta ja lisäyksistä

Helille korjauksista ja painatuksesta

Oikeus kansoja ohjailevi   **Vapautta laki vartioivi**

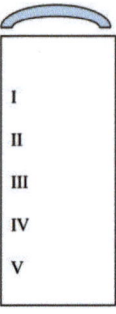
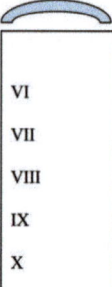

I

II

III

IV

V

VI

VII

VIII

IX

X